1914 - 1918 à BOUSBECQUE
Deux habitantes racontent ...

1914 - 1918 à BOUSBECQUE
Deux habitantes racontent ...

La Plume et les Musiciens

© 2019, La Plume et les Musiciens

Edition : BoD - Books on Demand,
12/14 rond-point des Champs-Elysées, 75008 PARIS Impression :
BoD - Books on Demand, Norderstedt, Allemagne

ISBN : 978-2-3220-9265-9

Dépôt légal : Avril 2019

À Florine et Félicie

Sommaire

Introduction 9
Avertissement 11
Partie 1 – Du chaos à l'apocalypse 13

    Eté 1914 – L'insouciance avant l'orage 13
    Dimanche 2 août 1914 – La mobilisation 17
    Octobre 1914 – L'entrée des Allemands à Bousbecque 19
    Automne 1914 – La guerre s'installe 24
    1915 – La bataille 30

Partie 2 – Du désespoir à la délivrance 41

1917 – Contexte historique 41
1917 – Le retour au front 44
1917 – Les femmes dans la guerre sous l'occupation 50
1917 – Première évacuation de Bousbecque 55
1918 – Les grandes offensives 57
Printemps 1918 – Le retour au calme avant la tempête 59
Eté 1918 – L'offensive alliée et l'effondrement des lignes allemandes 60
Automne 1918 – Evacuation finale de Bousbecque 61
Les retrouvailles… Une victoire très amère 63

Conclusion – Un bilan effroyable 70

Remerciements 72

Les personnages 73

La longue marche de Florine et de ses enfants 79

Introduction

Le 11 novembre 2018, notre pays commémorait le 100e anniversaire de la fin de la première guerre mondiale. Il fallait rappeler son importance dans nos communes qui ont été particulièrement touchées par cette période douloureuse de notre histoire. Dès 1914, nos familles ont vécu le départ de leurs hommes, mobilisés pour la circonstance, et sont restées sous le joug de l'occupant pendant toute la durée de la guerre.

La chorale Lys en Chœur et l'Harmonie Municipale de Bousbecque se sont donc associées pour faire connaître aux habitants ces quatre années sombres de leur histoire.

Au début de l'année 2018, un petit groupe s'est formé, constitué de membres de ces deux associations et enrichi de la présence de Laetitia, écrivaine et généalogiste pendant ses loisirs.

Le groupe désirait raconter ce qu'avaient vécu nos aïeux au cours de ces années noires.

Un scénario original s'est construit, s'appuyant sur les dialogues imaginaires entre deux personnages réels ayant vécu cette période. Par sa plume, Laetitia a fait renaître ses arrière-grand-tante et arrière-grand-mère, Florine et Félicie, qui nous ont ainsi parlé de leurs souffrances et de leurs espoirs. Valérie et Laetitia leur ont prêté leur voix devant un public captivé par l'histoire de ces deux héroïnes. Les dialogues étaient accompagnés de chants et de musiques interprétés par les choristes et les musiciens. Robert, notre historien et président de la chorale, intervenait ponctuellement pour restituer le contexte du conflit. La lecture des lettres de soldats de toutes nationalités a éveillé une émotion palpable parmi le public. Les enfants de l'école Saint-Ignace ont agrémenté le spectacle par leur enthousiasme et leur jeunesse. En parallèle, l'auditoire a pu suivre une projection de photos et de vidéos d'époque prêtées en partie par le syndicat d'initiative de Bousbecque et par Philippe Descamps. Notre talentueux Pierre les avait insérées dans un diaporama poignant qu'il projetait sur deux écrans géants. Un coup de chapeau à Aurélien BOUVRY, notre prestataire son et lumière - LSF Sono - qui a magistralement éclairé et sonorisé les intervenants.

La présence des anciens combattants de notre commune fut également saluée par le public, nos choristes et musiciens.

Deux heures d'émotion et un immense succès pour cet hommage aux femmes, hommes et enfants qui ont traversé ces années chargées de larmes, de souffrances et de morts.

La collaboration de l'ensemble musical Lys en Chœur et de l'Harmonie Municipale n'en était pas à son coup d'essai, mais il faut honorer ici la qualité de l'événement. Le spectacle a passionné les Bousbecquois tout en réunissant plusieurs associations et écoles le temps d'un dimanche après-midi. Un exemple à suivre pour le bien vivre ensemble.

C'est le déroulé de ce spectacle que nous retraçons ici, pour tous ceux qui souhaitent découvrir ou revivre ce moment d'émotion. Vous y trouverez l'ensemble des textes lus par les différents intervenants ainsi que la plupart des photos du diaporama. Nous y avons également ajouté quelques éléments complémentaires (comme les arbres généalogiques des protagonistes) pour approfondir et faciliter la compréhension. Enfin, les mélomanes retrouveront le programme complet du spectacle à la fin de l'ouvrage, incluant les références des chants et musiques interprétés par la Chorale et l'Harmonie municipale.

Les membres du comité du spectacle du 18 novembre 2018,
Cécile, Laetitia, Marie-Agnès, Sandrine, Valérie,
Baptiste, Marc, Pierre et Robert.

Avertissement

Les lettres et les scénettes ont été imaginées pour le bien du spectacle. En revanche, les faits décrits sont réels, qu'il s'agisse bien sûr du contexte historique général ou de ce qui arrive aux deux sœurs et à leur famille. Leur parcours dans la guerre a été reconstitué au moyen de documents et de témoignages familiaux. Les lettres de soldats ont été écrites en se basant sur la correspondance des Poilus, l'objectif étant de décrire leurs conditions de vie (et de mort) le plus précisément possible.

Les photos nous ont été aimablement confiées par le syndicat d'initiative de BOUSBECQUE, Philippe DESCAMPS et quelques habitants du village.

PARTIE 1 - DU CHAOS À L'APOCALYPSE

Eté 1914 - L'insouciance avant l'orage

L'histoire que nous allons vous conter aujourd'hui est celle de deux Bousbecquoises prises dans la tourmente du conflit le plus meurtrier que la France ait connu, la Première Guerre Mondiale dont nous avons, cent ans après, commémoré l'Armistice.

En cet été 1914, le temps s'annonce splendide, l'insouciance est générale. Un peu partout, on se prépare pour les bals de village. Le soir, on se presse dans les guinguettes : l'air est à la fête...

Certes, quelques esprits chagrins évoquent bien de temps en temps les troubles qui agitent les Balkans, cette région du Sud-Est de l'Europe dont on ignore presque tout... On raconte même qu'un archiduc autrichien vient d'y être assassiné ! Plus inquiétant, il y a aussi les discours enflammés de Jean Jaurès qui en appelle à la Paix, comme si elle était menacée alors qu'elle dure depuis plus de quarante ans en Europe !

Pourtant, toute cette agitation est bien loin des préoccupations quotidiennes des Français. Il n'y a rien à craindre, de toute façon : la France a des alliés solides au sein de la Triple Entente. Rendez-vous compte : à nos côtés, le Royaume-Uni et la Russie, rien de moins ! En face, ceux de la Triple Alliance, l'Allemagne détestée, l'Autriche Hongrie et l'Italie ne font pas le poids, soyons sérieux...

Mais revenons à nos deux protagonistes : nous sommes donc au début du mois de juillet 1914 et nos deux héroïnes vont vivre les dernières semaines de ce que l'on a appelé plus tard la « Belle Epoque ».

Ce sont deux sœurs, nées OLIVIER, au lendemain de la guerre franco-prussienne de 1870.

La première s'appelle Florine. Elle a quarante-trois ans lorsque la guerre éclate. Son mari, Emile HASBROUCQ en a quarante-cinq. Au début du conflit, ils ont huit enfants vivants. Emile est maçon à la papeterie DALLE & LECOMTE. Mobilisé en 1914, il rejoint la « territoriale », cette partie de l'armée que l'on n'envoie pas au front, mais qui assure la garde des lieux sensibles et effectue des travaux de terrassement, de fortification, d'entretien des routes et voies ferrées. Ce sont aussi ces soldats, surnommés les « pépères », qui creusent les tranchées. En tant que père de famille nombreuse, il sera renvoyé dans ses foyers en février 1915 mais ne pourra pas rentrer à Bousbecque alors occupé par les Allemands.

La deuxième s'appelle Félicie. Elle a quarante ans au début de la guerre et son époux, Désiré LEPOUTRE est d'un an son cadet. Ils ont sept enfants, tous nés avant 1914. Lui est menuisier, également pour le compte de la papeterie bousbecquoise, et sapeur-pompier volontaire. Il suivra le même parcours que son beau-frère au cours de la guerre.

Crédit DR

PARTIE I - DU CHAOS À L'APOCALYPSE

Le tramway de la rue de Wervicq à Bousbecque

Juillet 1914 - Florine et Félicie se rencontrent sur la Grand Place, près de l'église

Florine : Qu'est-ce qu'il grandit vite, ton André ! Un sacré gaillard !

Félicie : M'en parle pas, faut tout le temps que je lui coure derrière. Je ne sais pas chez toi, mais à la maison, les enfants sont intenables en ce moment. Ils n'en peuvent plus d'attendre le 14 juillet !

Florine : Ah oui, je sais ! Si le temps se maintient, ça va être une belle fête. Mais dis-moi, tu as entendu les hommes parler ? Ça discute beaucoup à l'estaminet. Cette histoire de guerre, tu y crois, toi ?

Félicie, haussant les épaules : Pfff ! Va savoir ! Désiré dit que ça va passer. Tout le monde s'énerve au sujet de cet Archiduc, là, qu'on a tué à Sarajevo. Mais c'est loin tout ça. Pas sûre que ça arrive jusqu'ici.

Florine : Mais quand même… Tu sais comment sont les Boches et ce qu'en disent les parents. Moi je suis née pendant la dernière guerre, j'ai eu le temps d'en entendre parler !

Félicie : Ça fait 40 ans maintenant. C'est loin je t'assure. Et Désiré dit qu'au pire, on leur bottera les fesses aux Allemands ! Mais en attendant, c'est pas eux qui vont préparer le dîner. Allez, faut que j'y aille. On se voit au bal, d'accord ?

Florine : Ça c'est sûr ! J'ai vraiment hâte de voir les jeunes danser !

Crédit DR

Dimanche 2 août 1914 – La mobilisation

Florine : La guerre ! C'est la guerre !

Hier, lorsque le tocsin s'est mis à sonner, je n'arrivais pas à y croire. Mon Dieu, j'entends encore les cloches carillonner à toute volée du haut de l'église ! En fait, je refusais d'y croire. Mais les gens se sont rassemblés et la nouvelle s'est répandue comme une traînée de poudre : c'est la guerre !

La mobilisation générale commence aujourd'hui. Les premiers hommes sont partis tout à l'heure et les autres suivront dans les semaines à venir. Ils sont si jeunes. Ce matin, ma voisine pleurait sur le pas de sa porte. Elle a deux fils. Le premier est de la classe 1913. Ça fait déjà des mois qu'elle ne l'a pas vu. Le deuxième vient de partir et son mari s'en va à la fin du mois. J'ai lu la détresse dans ses yeux. Je l'ai vue s'accrocher au chambranle, les mains tremblantes. Elle a fait bonne figure jusqu'à la dernière minute, et puis… elle s'est effondrée.

Quelques hommes paraissent plein d'entrain. Ils disent avoir hâte d'en découdre avec les Boches. Ils parlent fort et s'invectivent, comme pour se convaincre. Ils chantent des chansons de guerre. Mais la plupart semblent inquiets. Ils discutent sur la Grand-Place et dans les estaminets. Ils baissent la voix lorsque les femmes et les enfants s'approchent.

Les vieux, eux, se taisent et observent, avec l'air de savoir quelque chose que tout le monde ignore.

Tout est parfaitement organisé. Ah ça ! Les généraux ont retenu les leçons de la dernière guerre. En moins d'un mois ils auront suffisamment d'hommes pour tenir tête aux Boches. Mon Dieu, faites qu'ils soient forts, nos soldats ! Faites qu'ils enfoncent rapidement les lignes ennemies ! Faites qu'ils reviennent vite ! Avant Noël, comme disent certains.

Emile a consulté son livret militaire. Il va partir lui aussi, au début du mois de septembre. Il va me laisser seule avec les enfants. Neuf enfants ! Ça ne devrait pas être permis. Il fait partie de la réserve de l'armée territoriale et ne devrait jamais aller au front. Il sera là pour aider l'active et organiser les manœuvres à l'arrière. J'espère que ce qu'on dit est vrai. J'espère qu'il n'aura pas à reprendre le fusil. Jamais !

Quand il m'a annoncé sa date de départ, il m'a serrée dans ses bras. Ça ne lui arrive pas souvent, il n'est pas démonstratif, mon Emile. Je vois bien qu'il a peur lui aussi.

Octobre 1914 - L'entrée des Allemands à Bousbecque

Le cortège, rue de Roncq - En tête, un officier allemand (casque à pointe)

Lettre de Félicie à Désiré

Bousbecque, le 7 octobre 1914

Mon cher Désiré,

Je me dépêche d'écrire cette lettre car le courrier vient d'être interdit. Le vieux Joseph m'a dit qu'il y avait encore moyen de faire passer quelques lettres mais ça ne va pas durer.

Car oui, il faut que je t'explique : les Boches viennent d'arriver, ici, dans les rues de Bousbecque ! Dimanche dernier, le 4 octobre, des cyclistes sont arrivés sur la Grand-Place. Quelques jeunes ont cru qu'il s'agissait de chasseurs anglais et ont voulu prévenir les soldats français stationnés plus loin, vers Quesnoy. Quelle erreur ! Les cyclistes étaient en fait des soldats allemands. Des éclaireurs qui, heureusement, sont repartis sans causer de problèmes. Mais le lendemain…

Quel cauchemar ! Des bataillons entiers ont défilé toute la journée. Des soldats à pied, des chevaux, de l'artillerie, ça n'en finissait plus. Je n'oublierai jamais le bruit des bottes sur le pavé, les ordres qui claquaient dans l'air, l'éclat des casques à pointe. Il pleuvait des cordes. Les Boches avançaient rapidement en longues colonnes, en direction d'Armentières d'après la rumeur. Ils avaient l'air pressés. A Wervicq, ils ont incendié quelques maisons : il paraît qu'ils étaient furieux de voir que le pont enjambant la Lys avait été détruit.

A la tombée de la nuit, un régiment a décidé de s'installer ici. Ils se sont arrêtés sur la Grand-Place. Je ne suis pas sortie de toute la journée.

Et puis, hier des Uhlans ont donné des coups dans la porte avec leur lance. Ils sont entrés, se sont assis et ont posé leurs armes sur la table. Ils ont réclamé à boire et à manger. Ils ont dormi dans les chambres et nous nous sommes terrés dans la cuisine en attendant qu'ils repartent le lendemain. Si tu savais… J'ai tellement peur pour

Je pense que les Boches vont rester. Nous aurons encore des soldats ce soir. Ils ont annoncé des réquisitions. Le maire a expliqué que nous devions leur fournir du sucre, du pain et de l'avoine. Ils ont confisqué toutes les bicyclettes et toutes les armes. Ceux qui résistent seront fusillés. Florine dit que ce n'est qu'un début. Elle a caché des draps et du grain à la cave. Je vais faire comme elle, je crois.

Je pense beaucoup à toi. Où es-tu ? J'espère que tu n'es pas forcé d'aller au front. On a eu deux morts de plus à Bousbecque, les fils Capelle et Callemeyn. Ils étaient ensemble apparemment, quelque part dans l'Aisne. C'est arrivé en septembre. Maintenant que les Allemands sont là, il n'y a plus aucun moyen de savoir ce qui se passe. Plus la peine de craindre la visite du maire ou l'arrivée d'un télégramme. Mais imaginer, finalement, c'est encore pire.

Porte-toi bien. Fais attention, je t'en prie.

Félicie

La place de Bousbecque investie par les Allemands

Pont en bois construit par les Allemands à leur arrivée pour permettre de passer d'une rive à l'autre

Automne 1914 - La guerre s'installe

Florine :

Ils ne rentreront pas pour Noël... Tout le monde l'a compris maintenant, même les moins pessimistes. Je les vois revenir du front, mes soldats allemands, ceux qui se sont installés chez nous. Je les compte à chaque fois qu'ils rentrent à la maison et je suis parfois étonnée lorsqu'il n'en manque aucun. Ce n'est pas que je souhaite leur mort, non. Certains sont si jeunes. Mais quand même, dans leurs tranchées, là-bas, sur le front d'Ypres, ils tirent sur nos alliés. Des Anglais, si j'en crois ce qu'ils disent. Les régiments français se battent ailleurs, plus à l'est.

Non je ne souhaite pas leur mort. Il y a déjà eu assez de cadavres depuis quelques mois. Je vois ces soldats rentrer et s'écrouler dans les lits en repoussant les enfants pour se faire de la place. Ils sont sales et ils puent. Leurs visages sont crispés, encore déformés par la peur. Le lendemain certains essaient de plaisanter et de jouer les durs. Comme celui qu'on appelle « chemise rouge » et qui prétend manger « du British » au petit déjeuner. Mais je vois bien qu'ils sont terrorisés au moment de repartir.

J'ai compris que le front s'était enlisé. Les soldats des deux camps se terrent dans des trous et les lignes n'ont plus bougé depuis des semaines. Les hommes reviennent blessés, hurlant et agonisant. Ou parfois ne reviennent pas.

Non, Emile et les autres... Ils ne rentreront pas pour Noël.

Arrêt d'un convoi allemand devant la maison de M. DALLE-LEROUX

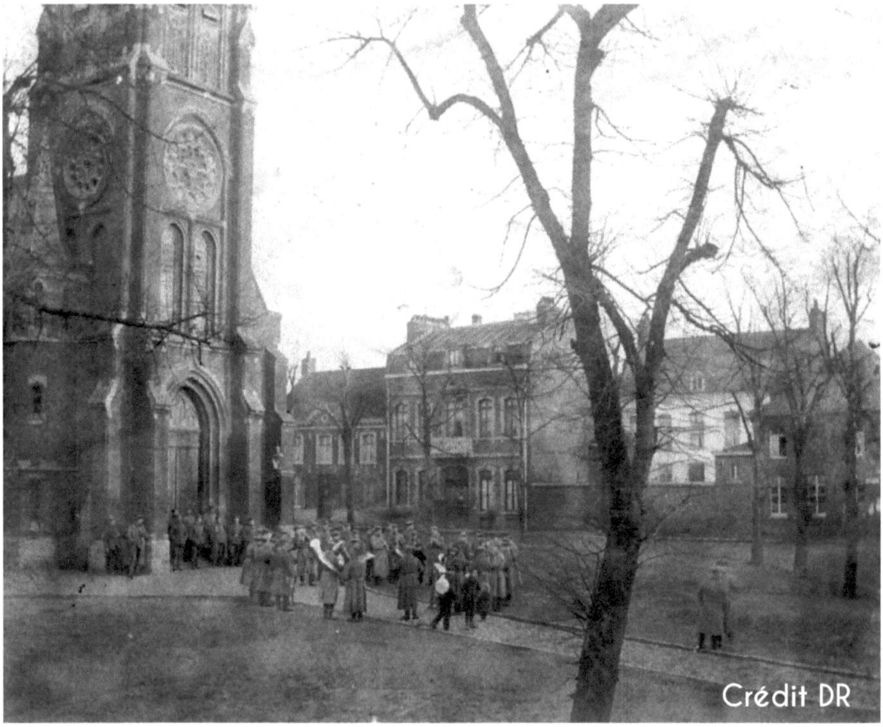
Crédit DR

Concert de musique par les soldats allemands sur le parvis de l'église

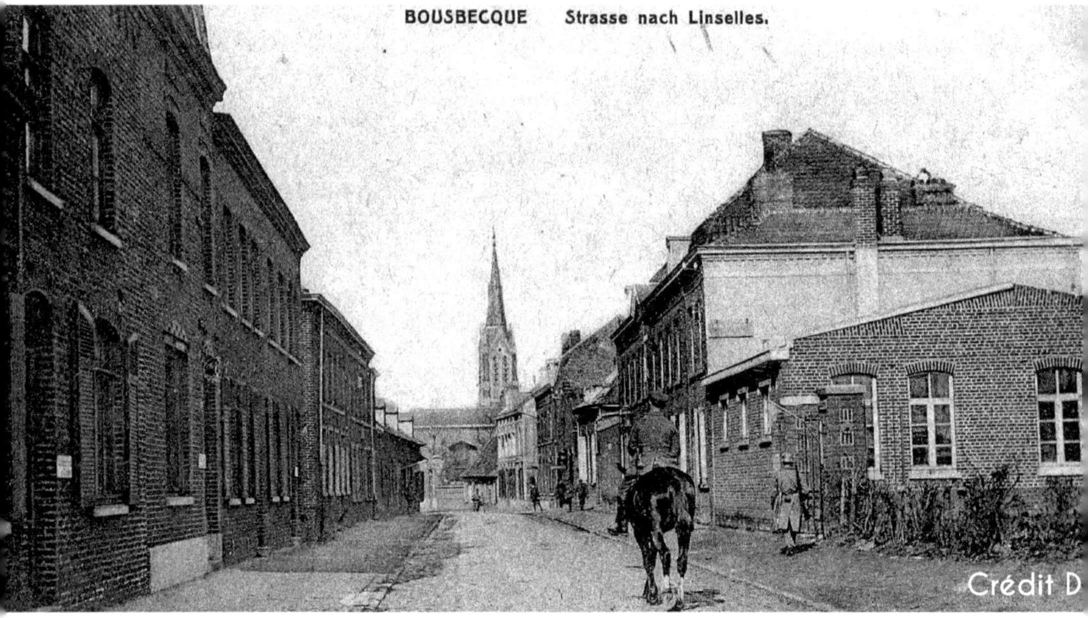
BOUSBECQUE Strasse nach Linselles.
Crédit D

Lettre d'un soldat allemand à son épouse

Chère Luise,

Je te remercie très sincèrement pour ta lettre, que j'ai reçue ce matin, elle m'a remonté le moral. Elle a mis plus d'un mois pour me parvenir et c'est pour cela que je m'empresse de te répondre. Je suis actuellement au repos avec ma compagnie après avoir passé plus de trois semaines dans les tranchées. Nous sommes cantonnés dans un village français séparé de la frontière belge par une rivière.

Je pense à vous trois tous les jours, toi, notre fils Helmut et notre fille Rachel.

J'espère que vous êtes en bonne santé et que les parents vous aident pour la ferme.

Je te remercie encore pour le colis de nourriture et de tabac que tu m'as envoyé la dernière fois et que j'ai partagé avec mes camarades. C'est un bon complément de la nourriture des tranchées.

J'ai perdu mon camarade Albrecht avec qui j'ai partagé les charcuteries. Je m'entendais bien avec lui. Il a été tué par une «marmite» qui est tombée dans notre tranchée. On était toujours ensemble pour les bons et mauvais moments. Je n'ai pas su le retrouver car ils étaient cinq soldats lorsque le projectile a explosé et il a déchiqueté les corps jusqu'à les disperser en plusieurs morceaux.

Lorsque l'on est en première ligne, les conditions de vie deviennent difficiles. Notre sommeil en prend un coup à cause des gardes de nuit. La nourriture est froide et toujours semblable. Mais le plus insupportable c'est la saleté, la soif et les odeurs de décomposition. Nous sommes au repos pour cinq jours, et nous remonterons en ligne sûrement dans le secteur.

Ici les conditions sont meilleures, la nourriture est correcte nous dormons sur de la paille propre.

Ton Heinrich

Lettre d'un soldat anglais à sa sœur

Chère sœurette,

Nous avons eu la permission hier soir d'écrire nos premières lettres, et j'en profite pour vous donner de mes nouvelles.

Je suis arrivé sur le front il y a quelques jours après avoir débarqué à Calais avec mon régiment.

Nous avons été transportés en train jusqu'à une ville flamande française, puis à pieds nous avons rejoint le front.

Dès notre montée en 2e ligne nous avons subi un bombardement, et plusieurs camarades ont été blessés. Notre chef de section a reçu un éclat dans la tête et il est mort sur le coup. Les anciens disaient que les allemands marmitaient toujours le soir à la même heure. Alors si c'est vrai ce qu'ils disent pourquoi l'état-major nous a fait monter à cette heure-là ?

Heureusement je tiens le coup parce qu'il y a beaucoup de gars du régiment que je connaissais avant dans le civil. Il y a Fred et John avec qui j'étais à l'école. Et il y a les frères Whitney qui habitent dans notre quartier. Et il y surtout Harry et Jack qui restent mes meilleurs amis.

Ici en 2e ligne, mis à part le bombardement du soir et les snippers il n'y a pas trop de casse.

Les corvées sont notre activité principale et quotidienne. Il faut vider l'eau des tranchées pour éviter qu'elle s'accumule. Reconsolider les bords après les bombardements afin qu'elles ne s'éboulent pas. Les creuser toujours un peu plus afin que nos têtes soient bien cachées. Ce sont des travaux épuisants mais qui nous évitent de trop penser. Notre plus grande joie de la journée c'est de voir arriver The food. Mais nous sommes déçus lorsqu'on la mange.

Au fait sœurette, est-ce que tu as pu aller récupérer mon vélo qui était en réparation chez M. Smitt. C'est une belle machine et elle vaut beaucoup d'argent, et j'ai payé pour sa réparation. S'il y a des sommes à débourser en plus, paye-le.

Aies du courage, tout ira bien pour moi, il y a des milliers d'autres familles dans le même cas, et si je meurs vraiment, je mourrai avec un bon cœur et en pensant à toi.

Embrasse les parents pour moi, car je n'ose toujours pas leur écrire de peur de les angoisser.

Ton frère William.

1915 - La bataille

Florine :

Une fois de plus, mes Allemands sont revenus au petit matin. Aujourd'hui, il en manquait trois. Ils seront remplacés ce soir. Dieu merci, Hans est vivant. C'est mon ennemi, je le sais, mais il essaie d'être gentil. Il n'a jamais effrayé les gosses. Je l'ai même vu tailler un bonhomme dans un bout de bois pour ensuite l'offrir à Henriette.

Tout à l'heure, Hans m'a parlé pendant que je cuisinais le peu qu'il nous reste. Il connaît le français, même s'il a un drôle d'accent et qu'il utilise des mots qui n'existent pas ici. Il est alsacien. Je n'ai pas osé lui dire qu'en réalité, il devrait être français. Ce qu'il m'a raconté ! C'est encore pire que ce que j'avais pensé en les voyant rentrer du front, tellement crottés qu'on ne voit que leurs dents quand ils font semblant de sourire.

Ils vivent dans des trous. Au début de simples trous creusés à la hâte pour se protéger des tirs ennemis. Maintenant ce sont de véritables galeries qu'ils ont renforcées avec des planches et des sacs de terre. De là ils regardent les trous d'en face, en attendant l'assaut suivant. Il y a quelques jours, Hans avait un Anglais en ligne de mire.

Un Anglais imprudent qui s'était un peu trop redressé pour être plus à l'aise. « Je lui ai sauvé la vie, a dit Hans. Il était en train de se raser. Je n'ai pas eu le cœur de tirer. »

Il a plu toute la semaine dernière et ils ont dormi dans la boue. Il commence à faire très froid, même ici, à la maison. Alors je n'ose pas imaginer ce qu'ils endurent là-bas, dans leurs fosses communes. Le froid, l'humidité, le manque de nourriture… Une mauvaise soupe, des fayots mal cuits et des patates à moitié épluchées. De l'alcool pour tenir. Et des poux ! C'est la seule chose qui ne manque pas dans les tranchées.

Mais le pire arrive quand les officiers donnent l'ordre d'attaquer. Ils sont là, ils attendent près des échelles de fortune, en serrant leur arme et se recroquevillant sous leur casque. Parfois la peur les fait pisser sur place. Et puis leur chef se met à crier pour les encourager. Ou peut-être les menacer. Ils s'élancent en baissant la tête. Certains s'écroulent avant même d'être sortis, les jambes pendant le long des parois de la tranchée. Ceux qui ont de la chance (mais est-ce vraiment de la chance ?) sont encore vivants lorsqu'ils se retrouvent à découvert. Ils courent en hurlant pour éviter de faire demi-tour. Ils trébuchent sur les cadavres puis s'aplatissent dans les cratères d'obus. Ils avancent de quelques mètres et sont stoppés par la mitraille. Ils n'y voient rien. L'air est saturé de terre et de fumée. Et il y a le bruit, incessant. Les tirs, les grondements, le sifflement des bombes volantes, les déflagrations. Hans dit que les survivants seront tous sourds avant longtemps.

La semaine dernière, lui et ses compagnons sont restés plus de deux heures le nez dans la fange avant de pouvoir se relever. Presque enterrés. Parmi les trois qui ne sont pas rentrés, l'un a reçu une balle en pleine poitrine, l'autre se trouvait dans la trajectoire d'un obus. Et le troisième… Eh bien, le troisième, ils ne l'ont pas retrouvé.

Lors de la dernière attaque, les Allemands ont avancé d'une centaine de mètres. Certains ont même fait une percée jusqu'à la butte anglaise la plus proche. Et deux jours plus tard, ceux d'en face les ont fait reculer d'autant. Cette guerre devient vraiment absurde. C'est Hans qui m'a raconté. Je n'invente rien. Comment aurais-je pu imaginer une chose pareille ? Il n'y a que les morts qui dorment dans des trous. Ça non plus, je n'ai pas osé le lui dire.

Tombes de 3 soldats allemands

Troupes allemandes

1915 - Rue de la papeterie - Convoi allemand transportant des barques pour traverser la Lys

Convoi allemand - Rue de Wervicq

Lettre d'un soldat français à ses parents

Chers parents,

Je vous écris de l'Hôpital où je suis soigné après avoir été blessé sur le champ de bataille. C'était affreux ! Voici ce que j'ai vécu :
Le combat commence au point du jour. Toute la journée, je me bats, je suis blessé très légèrement une première fois, une balle traverse mon sac placé devant moi, me blesse la main, perce ma capote et m'érafle la poitrine. Je prends cette balle que je montre à un camarade, et je la mets dans mon porte-monnaie. Je continue le combat, quand je vois ce même camarade atteint à la jambe. Je vois aussi mon lieutenant tomber, traversé par une balle.

Le combat continue, une grande partie de mes camarades sont couchés morts ou blessés autour de moi. Vers les 3 heures de l'après-midi, alors que je suis en train de tirer sur l'ennemi qui occupe une tranchée à deux cents mètres de moi, je suis atteint d'une balle au côté gauche, je ressens une grande douleur, comme si l'on me brisait les os. La balle m'a traversé dans toute ma longueur, en passant par le bassin et s'est logée au-dessus du genou. Aussitôt, je ressens une grande souffrance et une fièvre brûlante. Les balles continuent à pleuvoir autour de moi, je risque d'être à nouveau atteint. Je fais donc tout mon possible pour me traîner dans un trou, j'ai bien du mal à m'y blottir.

Le combat est terminé, tous mes camarades ont battu en retraite, et nous les blessés, nous restons abandonnés, sans soins, mourant de soif.

Quelle affreuse nuit ! La fusillade reprend à chaque bruit que fait un blessé. La mitrailleuse balaye le terrain, les balles me passent par-dessus la tête, la soif me torture de plus en plus, j'arrache des poignées d'avoine que je mâche, le canon ne cesse de gronder. La nuit s'avance. Comme je souffre, je pense alors à vous mes parents, surtout à toi Maman, comme quand j'étais malade et que j'étais tout petit, et je ne suis pas le seul à penser à ma mère, car j'entends les blessés et les mourants appeler leur maman.

Enfin, la nuit s'achève, je n'ose plus bouger de mon trou. Souvent je sors un peu la tête pour voir s'il ne vient pas des personnes pour nous ramasser, mais je ne vois toujours rien. Une nouvelle torture s'est ajoutée aux autres. Les mouches attirées par l'odeur du sang, s'acharnent après moi, elles sont si méchantes que je ne peux m'en débarrasser.

Dans l'après-midi, un homme se traîne, pas loin de moi. Il cherche de l'eau dans le bidon des morts, car il meurt de soif. Il me rejoint dans mon trou, 'est un camarade de la 11°compagnie, il est blessé au pied. Nous passons ensemble plusieurs heures, quand soudain mon camarade me dit qu'il voit plusieurs personnes. Il se met à genoux et les appelle de toutes ses forces. Elles viennent à nous, ce sont des jeunes filles de la Croix - Rouge et deux infirmières emportent mon camarade. Les jeunes filles me prennent par les bras et les jambes pour m'emporter, mais les coups de fusil éclatent, car les ennemis ne veulent pas que les infirmières me ramassent. Comme je crains de les voir blessées, je les prie de m'abandonner, mais elles ne veulent pas. Elles m'emportent ; quelques minutes après, je suis en sûreté. On me met dans une automobile qui me transporte dans un orphelinat où plusieurs salles ont été aménagées pour recevoir et soigner les blessés. Une bonne sœur me fait mon pansement avec beaucoup de soin, comme je souffre beaucoup, le docteur me fait une piqure de morphine. Nous sommes tous soignés avec beaucoup de dévouement, jour et nuit.

Chers parents, ne vous inquiétez plus pour l'instant, je suis en de bonnes mains.

Joseph

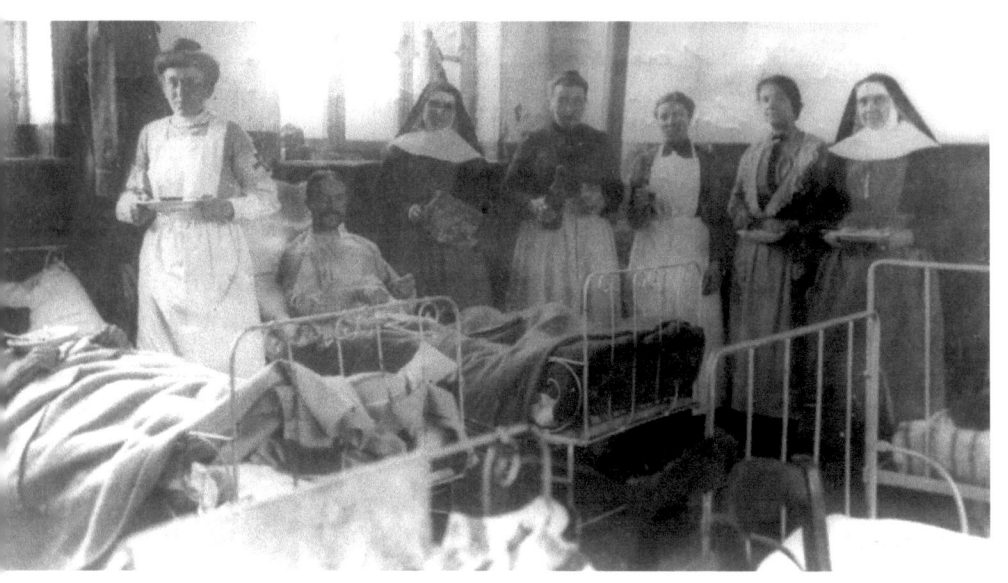

Mademoiselle Louise au chevet des soldats blessés

Véhicule de la Croix Rouge sur la place de Bousbecque

L'église transformée en hôpital

Lettre d'un soldat français en permission

Cher papa,

Je voulais te dire tout mon bonheur d'avoir pu vous revoir maman et toi.

Mais le premier jour j'ai été complètement abruti.

Pense donc, se retrouver ainsi à la vie, c'est presque de la folie : être des heures sans entendre un sifflement d'obus au-dessus de sa tête. Pouvoir s'étendre de tout son long sur de la paille même… Avoir de l'eau propre à boire, après s'être vus comme des fauves, une dizaine autour d'un trou d'obus à nous disputer un quart d'eau croupie, vaseuse et sale… Pouvoir manger quelque chose où il n'y a pas de terre dedans… Pouvoir se débarbouiller, pouvoir se déchausser…

Comprends-tu, tout ce bonheur d'un coup c'est trop. Comprends aussi cette impression d'avoir quitté un ancien petit bois où il ne reste pas un arbre vivant, pas un arbre qui ait encore trois branches, et le matin suivant après deux ou trois heures de repos, tout enfiévré, voir soudain une rangée de marronniers tous verts, pleins de vie, plein de sève, voir enfin quelque chose qui crée au lieu de voir quelque chose qui détruit ! Pense que de chaque côté des lignes, il ne reste pas un brin de verdure, mais une terre grise de poudre, sans cesse retournée par les obus. Des blocs de pierre, cassés, émiettés, des troncs déchiquetés, des débris de maçonnerie qui laissent supposer qu'il y a eu une construction, qu'il y a eu des hommes…

Tu vas croire que j'exagère, mais c'est encore en dessous de la vérité. On se demande comment c'est possible que l'on laisse se produire de pareilles choses.

Porte-toi bien et veille sur maman,

Ton fils, Ernest

Officiers allemands devant une usine à Bousbecque

Défilé du 23 RI

PARTIE 2 - DU DÉSESPOIR À LA DÉLIVRANCE

Crédit DR

1917 - Contexte historique

Il y a maintenant près de trois ans que dure cette interminable «guerre des tranchées», sans que personne ne puisse imaginer la fin de ce terrible conflit.

Aucune des terribles batailles qui se sont déroulées de 1915 à 1917 n'a rien pu bouleverser dans ce dramatique et sanglant équilibre des forces. Elles se sont enchaînées en vain, avec leur sinistre cortège de souffrance et leurs interminables listes de décès :

- La 1ère bataille d'Ypres en 1915 (100 000 morts),
- Les deux batailles de l'Artois en 1915 (310 000 morts),
- La bataille de Verdun en 1916 (700 000 morts).

La plus brutale bien que plus brève reste à venir, celle du Chemin des Dames, en 1917 : 350 000 morts en à peine six mois.

Partout, la lassitude règne, l'épuisement est général. Les mutineries de 1917 sont proches. L'épidémie de grippe espagnole aussi.

Mais l'année 1917 sera – on ne le sait pas encore – celle des grands changements : en avril 1917, les Etats-Unis viennent d'entrer en guerre à nos côtés sous l'impulsion du président Wilson qui décide de rompre avec l'isolationnisme de son pays. Mais il faudra encore de longs mois avant que les GI's ne débarquent dans les ports français !

Partout en France on attend chaque jour avec impatience le courrier qui viendra nous donner des nouvelles de nos chers « poilus », ou pire, l'arrivée du maire accompagné des gendarmes pour annoncer le décès d'un père, d'un mari, d'un fils ou d'un fiancé. Mais ici, à Bousbecque, seule la Croix Rouge apporte, rarement, si rarement, quelques nouvelles de cette mère patrie devenue inaccessible à cause de la ligne de front qui nous en sépare...

En revanche, c'est presque tous les jours que le bruit de la canonnade se fait entendre. Il faut dire que les plus féroces batailles se succèdent autour d'Ypres. Il paraît même qu'on y a utilisé un gaz pour asphyxier les soldats, le gaz moutarde... C'est une chance qu'on ne l'ait pas senti ici à Bousbecque : Ypres n'est qu'à 17 km à vol d'oiseau. Mais des obus sont tombés sur la commune et plusieurs maisons ont été endommagées...

Convoi allemand rue de Wervicq

Rassemblement des troupes allemandes devant la gare de Bousbecque

1917 - Le retour au front

Florine :

Hans est rentré hier. Il ne va pas bien. Je l'ai entendu crier cette nuit, il a fait des cauchemars. Et ce matin il a durement repoussé Françoise qui tient à peine sur ses deux jambes et qui voulait seulement jouer. Elle, elle ne comprend pas la guerre. Pas encore.

En revenant de permission, Hans a appris la mort de son ami d'enfance, à Ypres. Je l'ai vu pleurer dans la cour. Il est resté prostré un long moment. Je crois qu'il tenait la photo de sa femme et son petit garçon dans les mains. Il m'a fait de la peine. Je me demande même si cette permission lui a fait autant de bien qu'elle aurait dû. Tout ça pour bientôt retrouver la tranchée. Il repart au front tout à l'heure.

Ils ne sont pas tous comme lui. Certains Boches sont de vraies brutes. Ils nous obligent à les saluer quand on les croise dans la rue. Eux nous toisent d'un air hargneux. Ils lancent des ordres qu'on ne comprend pas. Mais le mépris et la haine dans leur voix, pour ça, pas besoin de connaître leur langue ! Ils contrôlent tout, sans arrêt. Le vieil Alphonse a passé deux jours en prison la semaine dernière. Juste parce qu'il avait rechigné.

On finit par reconnaître ceux qui repartent bientôt en première ligne. Ça les rend nerveux. Ils crient plus fort encore et nous bousculent pour un rien. Ils comprennent sans doute qu'ils vont se faire tuer. Comme si nous y pouvions quelque chose. S'ils ont si peur, qu'ils retournent donc en Allemagne !

Soldats allemands dans un jardin de Bousbecque

Officiers allemands devant l'église de Bousbecque

Devant la mairie, à gauche, le Général HUBER, commandant de place

COMMANDATURE DE BOUSBECQUE

Tous les Appareils télégraphiques avec ou sans fils, et objets s'y rattachant; tous les appareils téléphoniques et objets s'y rattachant, doivent être apportés à la Commandature avec leurs éléments, piles etc, pour le 8 Juin 1915 à 6 heures du soir, sous peine d'emprisonnement de 30 jours.

BOUSBECQUE, LE 6 JUIN 1915

HUBER
Commandant de Place

AVIS

Nous avons la preuve qu'en divers endroits le Gouvernement Français a taché de faire parvenir aux habitants, par les aviateurs des appels et proclamations diverses. Toute personne qui possède ou qui trouve des documents de ce genre doit les remettre immédiatement à la Commandature.

Les infractions à cette règle, entraîneraient pour les coupables l'application des peines prévues par les lois de guerre sur l'espionnage.

Les habitants sont informés que toutes les pièces détachées des vélocipèdes de n'importe quelle importance doivent-être rapportées à la Commandature pour le 28 Juin Courant. Les pièces trouvées chez l'habitant après cette date exposeraient ce dernier à un emprisonnement de 15 jours ou à une amende de 100 fr.

Le Commandant de Place rappelle à la population qu'il est absolument défendu de conserver des objets, armes, munitions, vêtements, linge, etc. appartenant aux armées belligérantes. Les habitants doivent apporter immédiatement à la Commandature tous les objets militaires laissés par les soldats dans les maisons, toute infraction à cette règle serait punie et le délinquant condamné à une forte amende.

Bousbecque, le 25 Juin 1915.

HUBER
Commandant de Place

PARTIE 2 - DU DÉSESPOIR À LA DÉLIVRANCE

Convois allemands

Le Baron Herzog chez Antoine DALLE-LEROUX
Mairie de Bousbecque : Officiers allemands

Mairie de Bousbecque : Officiers allemands

PARTIE 2 - DU DÉSESPOIR À LA DÉLIVRANCE

Funérailles d'un officier allemand

1917 - Les femmes dans la guerre sous l'occupation

Florine :

Décidément, il leur en faut toujours plus ! Les Boches n'avaient pas fait trois pas dans le village qu'ils commençaient déjà leurs réquisitions. Depuis le début de l'occupation, ils nous privent de tout. Depuis octobre 1914… Ça fait plus de deux ans maintenant. Je me demande encore comment nous avons survécu. Et l'hiver qui revient déjà !

Ils ont raflé toutes nos réserves de nourriture et confisquent la quasi-totalité des récoltes. Ils inventent sans cesse de nouvelles amendes, pour un oui ou pour un non. Hier le maire a expliqué qu'il était forcé de leur racheter quelques-unes de nos propres vaches ! Sans quoi, plus une goutte de lait dans toute la commune…

Le pain a manqué rapidement. Quelle malédiction ! Comment suis-je censée nourrir les gosses ? Les plus grands qui ne pensent qu'à manger. Et les petits, mon Dieu, les petits qui me regardent parfois sans comprendre, sans plus oser réclamer. Le pain qu'on nous distribue ne suffit pas. Il est pesé au gramme près et tout est noté sur notre carnet d'achat. Il est vraiment mauvais depuis qu'ils ont remplacé la farine de blé par du seigle et de la patate. Le pain « KK », comme on l'appelle. Infect ! Mais enfin, le goût, on s'en accommode.

Depuis longtemps nos maisons sont presque vides. Plus d'outils, de matériel, plus rien à coudre pour rhabiller les enfants. Même les matelas ont disparu. Mais c'est surtout le froid qui nous empêche de dormir la nuit. Les poêles à charbon restent vides, plus rien à brûler. Les Boches ont bouleversé notre vie tout entière. Depuis qu'ils ont transformé l'église et les écoles en hôpitaux de fortune, c'est à la papeterie que nous assistons à la messe. Mademoiselle Louise enseigne là où elle peut, dans un cotche ou une cuisine. Et nous les femmes, infirmières improvisées, nous soignons les blessés.

J'ai tellement peur chaque fois qu'ils emmènent les jeunes garçons, ceux qui sont suffisamment forts pour travailler. Ils ont pris Emile mon aîné l'autre semaine. Je ne l'ai pas vu pendant plusieurs jours. Ils l'ont forcé à construire des baraques, à deux pas des lignes de combat.

Et tous ces autres, qui ont refusé d'installer une conduite d'eau pour ravitailler le front, côté allemand. Les soldats les ont rassemblés sur la Grand Place et les ont mis en joue. Ils se sont ravisés, heureusement et personne n'a été tué. Mais Bousbecque a bien failli perdre ses toutes dernières forces vives dans ces quelques minutes d'affrontement.

Je les hais souvent ces Boches qui se considèrent en terrain conquis. Ils ont même rebaptisé les rues, leur donnant des noms impossibles à prononcer. Ils ont supprimé notre 14 juillet, ils chantent leurs « lied » à la nouvelle année, ils veulent que nous parlions allemand. Ah, ça ! Ils peuvent toujours courir !

Nous sommes isolés, sans nouvelles, sans ressources. Nous sommes obligés de subir la propagande qui ne cesse d'annoncer les défaites des nôtres. Nous ignorons la vérité. Nous ne pouvons qu'entendre la rumeur du front et les cris des blessés. Nous sommes désespérés. Et pourtant, nous ne nous sommes jamais sentis aussi français !

Les jeunes gens de la classe 1915 rassemblés sur la Place après leur refus de creuser les tranchées

Réquisitionnés creusant les tranchées

PARTIE 2 - DU DÉSESPOIR À LA DÉLIVRANCE

AUX HABITANTS DE BOUSBECQUE

LA
Question du pain

Par suite des dernières réquisitions faites dans les Fermes, le stock de blé dont dispose la Commune de Bousbecque se trouve considérablement réduit et la question du pain se pose à l'état d'extrême urgence.

Afin de parer à la situation, des essais se poursuivent actuellement dans le but d'obtenir un pain le meilleur et le plus nutritif possible par le mélange de blé, de seigle, de pommes de terre, etc..., et il est permis d'espérer qu'un résultat satisfaisant sera obtenu.

En outre rien ne sera épargné pour acheminer vers la Commune toutes les farines, de sources diverses, qui pourront être achetées à des prix pas trop exagérés mais, hélas, déjà très élevés.

Cependant, tous ces moyens seront sans résultat si le pain continue à sortir du territoire de la Commune comme cela s'est trop fait depuis quelques mois.

En conséquence, après en avoir délibéré avec Messieurs les Adjoints et Conseillers municipaux et avoir reçu leur approbation unanime, Nous, Maire de Bousbecque arrêtons:

À partir de Lundi prochain 1er Février la fabrication du pain est limitée aux stricts besoins de la population de Bousbecque sur la base de 200 grammes par jour pour les enfants en dessous de 5 ans et 450 grammes par jour pour les personnes au dessus de 5 ans

Afin d'assurer l'exécution de cet arrêté nous proposons les dispositions suivantes :

1) À partir de Lundi 1er Février les boulangers n'ont plus le droit de délivrer du pain sinon sur la présentation d'un carnet spécial sur lequel seront inscrits : le nom de la famille et la quantité de pain à laquelle cette famille a droit par jour et par semaine. Ils sont en outre rigoureusement tenus d'inscrire au dos de cette carte et dans les emplacements réservés pour cela d'abord une lettre référence qui leur sera remise et ensuite le nombre de pains livrés. Toute fraude sera sévèrement réprimée.

2) Chaque famille doit se munir d'un carnet d'achat de pain et pour l'obtenir peut se présenter à mon domicile particulier tous les jours entre 2 et 3 heures à partir du Vendredi 29 Janvier. La personne chargée de venir chercher ce carnet doit pouvoir donner la composition exacte de la famille et en particulier pouvoir préciser le nombre de personnes au dessous et au dessus de 5 ans vivant sous le même toit. Donc ne pas envoyer d'enfant incapable de s'expliquer.

3) En aucun cas le pain fabriqué à Bousbecque ne peut sortir du territoire.

4) Pour que puisse s'exercer une surveillance efficace à l'exécution du présent arrêté la livraison du pain chez les boulangers, ne peut se faire qu'entre 4 et 8 heures.

Du reste, nous comptons sur la complète bonne volonté de toute la population de Bousbecque afin que ces dispositions rendues obligatoires pour le bien de tous, soient respectées, et qu'ainsi elles ne doivent pas être rendues encore plus rigoureuses dans l'avenir.

Bousbecque, le 28 Janvier 1915

LE MAIRE
A. DALLE-LEROUX

Comité d'Alimentation du Nord de la France - CANF : Distribution du pain

1917 - Première évacuation de Bousbecque

Lettre de Félicie à sa sœur Florine :

Pont-Audemer, le 7 octobre 1917,

Ma très chère Florine,

Comme toujours, je ne sais pas si cette lettre arrivera à destination. Mais il faut bien que je te raconte ! Je brûle de t'annoncer que nous sommes enfin à l'abri, les enfants, notre mère et moi.

Mais laisse-moi commencer par le début, par ce 8 juillet 1917, lorsque nous avons été forcés de quitter Bousbecque après l'avancée soudaine des alliés. Nous avons eu si peu de temps pour nous dire au revoir. Le village a dû te sembler bien vide après notre départ. Les femmes, les enfants, les malades, tous ceux dont les bras n'étaient pas assez costauds pour servir les Boches ont été rassemblés. 900 Bousbecquois au total. 900 bouches inutiles comme ils disaient. Nous avons été conduits jusqu'à la gare d'Halluin. Je t'ai aperçue sur le trottoir. A ce moment précis, j'ai eu peur qu'ils nous emmènent en Allemagne et je t'ai enviée, toi qui devais rester car tu avais des fils en âge de travailler. Aujourd'hui j'aimerais tant que tu aies été évacuée avec nous.

Nous sommes arrivés dans les environs d'Anvers, en Belgique. Nous avons été hébergés dans les fermes et les maisons. Il a fallu se débrouiller ; nous n'avions pas pu emmener grand-chose. De toute façon, il ne nous restait rien. Nous avons survécu là jusqu'à la fin du mois.
J'étais à l'affût des nouvelles. Je sais que les Alliés ont attaqué de nouveau dans les Flandres, qu'ils ont progressé entre Ypres et Menin. Mais j'imagine que cela n'a pas été suffisant et que Bousbecque est toujours occupé.

J'étais à l'affût des nouvelles. Je sais que les Alliés ont attaqué de nouveau dans les Flandres, qu'ils ont progressé entre Ypres et Menin. Mais j'imagine que cela n'a pas été suffisant et que Bousbecque est toujours occupé.

Le 29 juillet les Boches sont venus nous chercher pour nous entasser dans des trains, avec si peu d'eau ou de vivres. Certains sont morts pendant le voyage. La rumeur courrait qu'ils nous renvoyaient vers la France libre pour éviter d'avoir à nous nourrir. Mais nous doutions. Pourtant, un beau matin, après avoir traversé la Suisse, nous sommes arrivés en gare d'Annemasse, dans les Alpes. Les gens de la Croix-Rouge nous attendaient. Ils ont soigné les plus faibles et nous ont annoncé que nous étions libres.

Notre mère, Bonne maman Elise a eu bien du mal à comprendre. Elle s'est perdue dans la gare. Elle cherchait le train pour Linselles. Quelle frayeur ! Dieu merci, André l'a retrouvée. Toujours aussi dégourdi, ce gamin !

Et puis, je te passe les détails, mais nous nous sommes organisés. J'ai appris qu'Emile et Désiré nous attendaient à Pont-Audemer. Nos hommes ! Ils sont bien vivants et je les ai retrouvés ! Nous sommes maintenant installés dans cette drôle de ville de Normandie, qu'ils ont choisie car on devait y construire une papeterie. J'aimerais tant que tu aies cette lettre et que tu cesses de t'inquiéter pour nous. La vie n'est pas facile, les habitants ne voient pas d'un bon œil tous ces réfugiés s'installer chez eux. Ils nous appellent les « Boches du Nord », tu imagines ? Mais enfin, nous sommes saufs et libres.

Je pense beaucoup à toi. Ce conflit, qui sépare ainsi les familles, est vraiment terrible. Il paraît que les Américains sont entrés en guerre à nos côtés. C'est sans doute une bonne nouvelle. Je prie tous les jours pour que nous soyons enfin rassemblés.

Ta sœur qui t'aime,

Félicie.

1918 – Les grandes offensives

Ça y est, on a fini par l'apprendre à Bousbecque : depuis quelques mois, les soldats américains débarquent par milliers, chaque jour, dans les ports de France. Ils vont renverser l'équilibre des forces, c'est certain.

Tant pis si les rares nouvelles qui nous viennent du front de l'Est sont moins encourageantes : il paraît que le tsar Nicolas II a abdiqué en Russie, que là-bas les Bolcheviks se sont emparés du pouvoir grâce à la Révolution d'Octobre (1917). On raconte même qu'ils sont en train de négocier une paix séparée avec l'Allemagne : ce serait un vrai « coup de couteau dans le dos » ! Espérons qu'il n'en sera rien ! Où en est-on, en réalité, au début de l'année 1918 ?

Il y a maintenant quatre ans que la guerre sévit, quatre années interminables pendant lesquelles rien ne semble changer, tant sur le front qu'à l'arrière. Le conflit s'enlise, les espoirs d'un retour à la paix s'amenuisent. Et pourtant, sans que nos deux héroïnes en aient vraiment conscience, deux événements majeurs se produisent, qui vont changer le cours des choses.

Tout d'abord, c'est un flot ininterrompu de jeunes soldats américains, tout juste sortis de leurs camps d'entraînement, qui renforce les rangs des armées alliées : au total, ils seront plus de deux millions d'hommes à arriver en France à partir du mois d'octobre 1917…

Ensuite, début 1918, le front se ferme à l'est. La Russie bolchevique sort de la guerre et signe le traité de Brest-Litovsk en mars 1918. Les Allemands profitent de cette défection pour transférer leurs armées sur le front ouest et tenter d'obtenir une victoire rapide avant l'arrivée massive des Américains. C'est le retour de la guerre de mouvement.

Au printemps 1918, le Général allemand Ludendorff lance quatre offensives très violentes pour enfoncer le front allié. La première est déclenchée le 21 mars 1918. Mais auparavant, l'armée allemande a préparé le terrain en évacuant les civils, comme Félicie vient de nous le raconter.

Ceux qui restent encore à Bousbecque sont régulièrement déplacés et subissent les conséquences de ces offensives. Ils ne sont pas au bout de leur peine...

Crédit D

Printemps 1918 – Le retour du calme... avant la tempête

Florine :

L'été dernier, les Anglais ont lancé une nouvelle offensive et le village a été bombardé. Le ciel nous est soudain tombé sur la tête. Quel fracas ! Nous avons cru mourir dix fois. Plusieurs maisons ont été détruites et six personnes y ont laissé la vie. Comme si la mort ne se contentait plus de prendre nos soldats. Il lui fallait aussi des civils.

Pour ne pas être gênés dans leurs manœuvres, les Boches ont écarté les femmes et les enfants des zones dangereuses. J'ai passé plusieurs mois à Halluin, avec les plus petits. Mes deux aînés, eux, sont restés à Bousbecque où ils pouvaient être réquisitionnés dès que les Allemands avaient besoin de bras. Dieu merci, l'hiver est passé, 1918 est arrivé et nous les avons enfin retrouvés, sains et saufs, à la maison.

Je ne peux pas croire que nous ayons entamé la quatrième année de guerre. Lors des bombardements, j'ai cru que les Alliés allaient enfin enfoncer les lignes allemandes. Depuis, les Boches semblent avoir repris l'avantage. J'ai compris qu'ils avaient cessé le combat sur le front russe, ce qui leur permettait de concentrer leurs forces par ici. Quels malheurs nous attendent donc encore ?

Ce matin, des prisonniers ont défilé dans les rues de Bousbecque. Ils avaient piteuse allure. Bon nombre d'entre eux étaient aveugles. Des pansements souillés leur masquaient les yeux. Encore une attaque au gaz dans les Monts des Flandres.

Mon cœur s'est ratatiné devant une telle monstruosité. Il faut vraiment que cette guerre s'arrête, d'une manière ou d'une autre.

Eté 1918 – L'offensive alliée et l'effondrement des lignes allemandes

A la fin du printemps 1918, malgré une impressionnante avancée de plus de 60 km vers Reims et Soissons, les quatre offensives allemandes ont été stoppées, notamment grâce à l'étonnante résistance des troupes américaines dont c'est le baptême du feu !

Le 18 juillet 1918, les derniers espoirs allemands d'une victoire totale s'effondrent avec le début d'une vigoureuse contre-offensive française.

À compter de cette date, l'armée allemande commence à perdre du terrain : l'initiative est désormais dans le camp des Alliés. Dans les mois suivants, ces derniers lancent une série de contre-attaques permettant de regagner le terrain perdu au cours du printemps 1918. La grande offensive victorieuse commence le 8 août 1918. Ses effets sont dévastateurs pour les Allemands dont les défenses se désagrègent. Pour la première fois, des milliers de soldats allemands se rendent sans combattre. Symbole de l'effondrement du moral de leurs troupes, le général Ludendorff qualifie le 8 août de « jour de deuil pour l'armée allemande »

Les troupes allemandes doivent refluer vers le nord, évitant de justesse l'encerclement. Bousbecque les voit passer dans ses rues pour la dernière fois de la guerre.

Automne 1918 - Evacuation finale de Bousbecque

Florine :

Cette fois, ça y est ! Les Boches sont en déroute ! Depuis quelques heures, nous les voyons passer en courant, brandissant leur arme à deux mains au-dessus de la tête, en signe de reddition.

Depuis la toute première évacuation en juillet 1917, celle qui a vu le départ de Félicie, l'occupation s'est durcie pour tous ceux qui restaient. Les Allemands ne nous ont pas ménagés, nous déplaçant d'un village à l'autre, exigeant sans cesse de nouveaux sacrifices. En septembre 1918, les bombardements ont repris. Mais cette fois, les Boches semblaient vraiment paniqués. Quelque chose avait changé. Il faut croire que les Alliés avaient enfin avancé de façon significative après tant de temps passé, enlisés dans les tranchées.

Le 29 septembre, un ordre incroyable est arrivé de la Kommandantur. Tous les habitants, sans la moindre exception, devaient avoir quitté le village par leurs propres moyens avant la fin de la journée ! Nous devions suivre un itinéraire bien précis, à travers la Belgique, vers les villes désignées. Je ressens encore toute la confusion qui a régné pendant les heures qui ont suivi cette annonce. Comment pouvais-je me débrouiller avec neuf jeunes enfants sans moyen de locomotion ? Heureusement, les deux grands, Emile et Edouard ont pris les choses en main. Ils ont repéré une charrette dans la cour de la papeterie, destinée à quelqu'un d'autre. Ils ont été assez malins pour la subtiliser, je ne sais toujours pas comment ils s'y sont pris.

Nous y avons entassé tout ce que nous pouvions, les plus jeunes par-dessus et nous avons pris la route. Des heures et des heures à pousser cette charrette, à tirer, à nous écorcher les mains, à malmener nos pieds déjà pleins d'ampoules. Comble de malchance, dans une telle précipitation, nous avons oublié notre maigre réserve de vivres. Les routes étaient envahies d'hommes et de femmes démunis, effrayés et délavés par la pluie battante de l'automne. Nous devions nous rabattre en toute hâte devant les convois militaires et plus d'une fois, nous avons sauté dans les fossés pour échapper aux bombes qui tombaient du ciel. Au soir de la première journée, nous avions perdu Elisabeth. A neuf ans, elle s'était égarée seule dans la foule.

Quelle angoisse ! Dans la maison où nous avions trouvé refuge, je n'ai pas fermé l'œil. Ma fille, mon bébé avait disparu. Dieu merci, nous l'avons retrouvée le lendemain, accrochée à une autre famille d'évacués.

Cette fuite effroyable a duré deux mois. Deux longs mois de marche forcée. Nous étions parfois obligés de décharger la charrette pour monter une côte, puis la recharger ensuite. Nous progressions lentement. Chaque soir, nous devions trouver un abri. Une maison, une grange, un simple appentis.

J'ai lutté plus d'une fois contre le désespoir. Les garçons m'ont vue pleurer. Mais nous avons résisté. 90 km, à pied, à travers les campagnes belges, dans le mauvais temps. Ah ça, nous avons vu du pays !

Et depuis hier court cette folle rumeur. Les Boches auraient vraiment capitulé ! Aujourd'hui, c'est le 11 novembre et nous les voyons se hâter, courir en tous sens, troupes désordonnées, unités sans formation, officiers et bagages en voitures à cheval, soldats isolés tenant crosse en l'air.

Je n'ose pas y croire. Est-il possible que tout ça soit fini ? S'en vont-ils vraiment, ces Allemands qui nous ont mené la vie dure pendant quatre longues années ? Pourrons-nous bientôt rentrer à Bousbecque et retrouver nos maisons ? Pourrons-nous bientôt revoir les nôtres ?

Les retrouvailles... Une victoire très amère

Florine : Félicie, arrête donc de pleurer, tu vas faire déborder la Lys !
Félicie : Ah, mais j'y peux rien, moi ! Je suis tellement heureuse de te revoir. Tu n'imagines à quel point j'étais inquiète. Quand nous avons reçu ta lettre, ça a été un tel soulagement !

Florine : Oui, c'est sûr, nous sommes toutes les deux passées par de sacrées aventures ! Il me faut toujours quelques minutes quand je me réveille, le matin, avant de réaliser que le cauchemar est vraiment terminé. J'ai hâte que toute la famille revienne enfin à Bousbecque.
Félicie : Ça prendra encore du temps. Quand je vois les dégâts dans les rues ! Notre belle église, défigurée, pleine de trous ! Pas une seule maison n'est restée intacte. Moi aussi j'ai vécu l'occupation, et pourtant j'ai du mal à réaliser. Une telle destruction...

Florine : Avant que les Anglais ne traversent la Lys, le 15 octobre, le village et les alentours ont reçu des centaines d'obus. Finalement, heureusement que nous avons été forcés d'évacuer.

Félicie : En tout cas, nous ne reviendrons définitivement que quand les baraquements provisoires auront été construits.

Florine : Au moins les rues du village ont retrouvé leurs noms français ! Quel plaisir d'arracher et de brûler les panneaux boches ! Mais oui, tout le reste prendra du temps... Hier j'ai surpris la voisine qui pleurait encore la mort de son deuxième fils. 61 tués sur 350 mobilisés à Bousbecque... Et moi... Je pense souvent à maman. Je n'arrive pas à m'y faire. Elle est morte là-bas, à Pont-Audemer, en exil, sans avoir eu la chance de revoir son village...

Félicie : ...enterrée le jour même de l'armistice. Dieu merci, sur la fin, elle ne comprenait plus grand-chose. `

Florine : Allons Félicie ! Il faut maintenant qu'on pense à l'avenir ! Le maire a dit que nous allions reconstruire et élever un monument pour nos morts. Histoire de ne pas oublier. Plus jamais ça !

L'église de Bousbecque en ruine à la fin de la guerre

Bousbecque à la fin de la guerre

Les tissages Delannoy

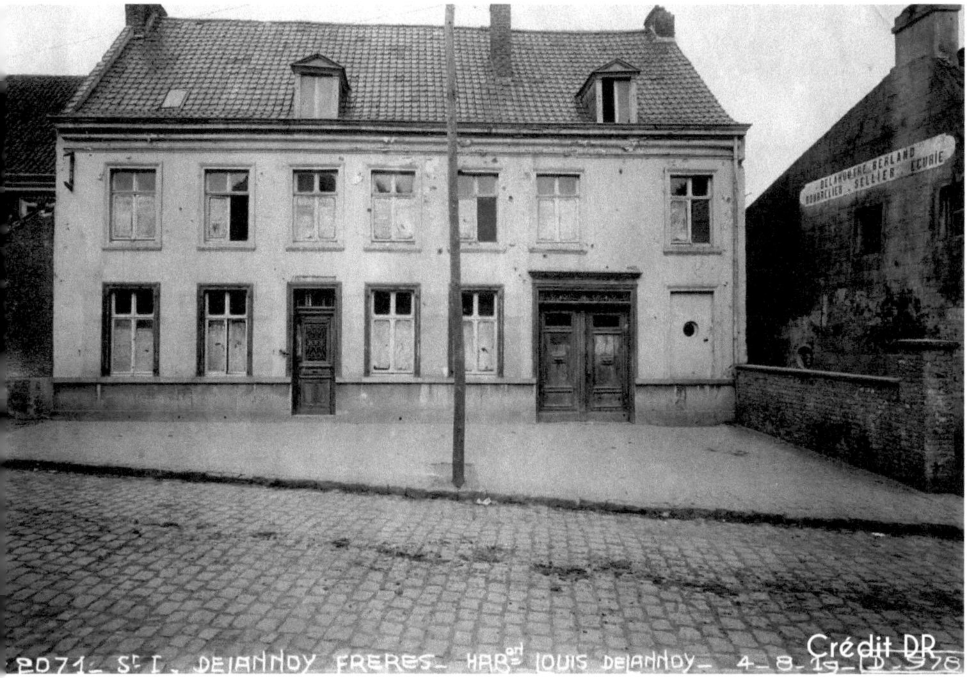
BERLAND
SELLIER
ECURIE
2071 - St I. DELANNOY FRERES - HABon LOUIS DELANNOY - 4-8-19 - D-978
Crédit DR

D-978
072 - St I - DELANNOY FRERES - HABITATION CHARLES DELANNOY
Crédit DR

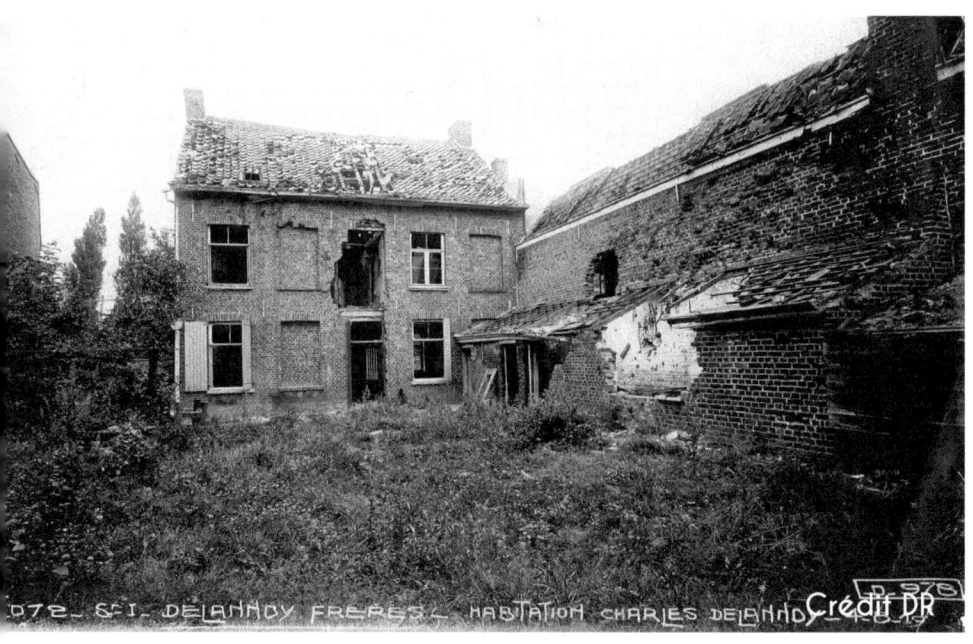

PARTIE 2 - DU DÉSESPOIR À LA DÉLIVRANCE

Photographie de Bousbecque prise dans les années 1920. On y remarque sur la droite de la photo les baraquements provisoires construits après la guerre pour reloger les familles dont les maisons ont été détruites.

Conclusion – Un bilan effroyable

Le 11 novembre 1918, à 11 heures du matin, l'armistice est signé dans la forêt de Compiègne, près de Rethondes. La guerre est terminée, on se réjouit ici et là, mais l'heure n'est pas à la liesse…

Après avoir accueilli avec soulagement le retour des soldats vainqueurs, du moins ceux qui ont survécu, la fête laisse rapidement la place au travail de deuil.

Certes la France est victorieuse mais aussi très meurtrie par la guerre : le bilan est lourd, très lourd…

Notre pays a perdu l'essentiel de sa richesse, des trésors culturels ont été réduits à néant, 300 000 maisons ont été détruites, mais surtout, surtout, sa jeunesse a été fauchée sur les champs de bataille : près de 1 400 000 soldats français et coloniaux sont morts ou portés disparus.

Et parmi les survivants, 388 000 sont mutilés, dont 15 000 touchés au visage. On les appelle les « Gueules cassées ». Des hommes âgés de 19 à 40 ans.

Et Bousbecque, dans tout ça ?

Eh bien pour notre commune aussi, le bilan est terrible : sur une population de 3313 habitants en 1913, 350 hommes ont été mobilisés, 61 sont morts, 9 ont disparu. Il faudra attendre 1968 pour retrouver le niveau de population d'avant-guerre !

Quant à nous, qui commémorons aujourd'hui le souvenir de ce drame, nous avons la chance de vivre dans une Europe en paix depuis plus de 70 ans. Sachons préserver ce rare et précieux privilège… et le transmettre aux jeunes générations !

Ode à la Joie

« Chantons pour la paix nouvelle
De notre Europe unifiée,
Quand l'Histoire nous rappelle
Les massacres du passé.
Quand nos peuples dans la tourmente
Vivaient dans la haine et le sang,
Oh ! Quelle joie nous enchante
Plus de guerre pour nos enfants... »

Friedrich Schiller (pour le texte original en allemand)

Remerciements

Alors que notre concert s'achève, nous tenons à rappeler que le spectacle qui vous a été présenté est l'aboutissement d'un travail de longue haleine, de réflexion, de nombreuses remises en question, tout cela avec une volonté commune de rendre hommage à ces hommes et femmes qui ont vécu il y a 100 ans.

C'est la raison pour laquelle nous voulons remercier tous les intervenants et parties-prenantes à ce spectacle :

- tout d'abord les anciens combattants, dont la présence à nos côtés est oh combien ! symbolique…
- Ensuite le syndicat d'initiative pour sa contribution à la documentation de notre concert,
- les deux écoles pour avoir permis aux enfants de participer avec nous à cette commémoration,
- la municipalité de Bousbecque pour son aide logistique,
- l'ensemble des membres de nos deux sociétés musicales, l'Harmonie Municipale de Bousbecque et l'Ensemble vocal « Lys en Chœur » qui ont amplement contribué à sa réussite
- Philippe Descamps et sa troupe théâtrale pour avoir été à l'origine de notre réflexion,
- enfin Aurélien Bouvry, LSF Sono, pour sa presatation lors du spectacle.

Les personnages

Florine née OLIVIER

Photo de Florine prise après la 2nde guerre mondiale

Epouse d'Emile HASBROUCQ

Florine Angèle OLIVIER
Née le 10/08/1870
Décédée le 30/08/1954

Emile Louis HASBROUCK
Né le 20/07/1868
Décédé le 15/05/1933

Marie Née le 08/05/1896	Jeanne Née le 05/07/1897 Décédée en 1899	Emilienne Née le 04/02/1889	Emile Né le 30/12/1900
Edouard Né le 22/11/1902	Jeanne-Marie Née le 25/07/1904	Hubert Né le 03/11/1906	Elisabeth Née le 30/06/1909

Henriette Née le 24/06/1911	Albert Né le 31/07/1913 Décédé le 23/12/1913	Françoise Née le 17/05/1915

Florine, Emile et leurs 11 enfants (2 décédés en bas âge)
dont Françoise née pendant la guerre et Emile et Edouard, réquisitionnés pour les travaux des Allemands

Félicie née OLIVIER, épouse
d'Aimable Désiré LEPOUTRE

Désiré en 1914-1918

Mariage de Félicie et Désiré

Félicie, Désiré et leurs 7 enfants dont André

Félicie OLIVIER
Née le 31/08/1873
Décédée le 16/02/1956

Aimable Désiré LEPOUTRE
Né le 21/01/1875
Décédé le 23/10/1958

Marie-Louise
Née en 1905

Jean
Né en 1907

Emile
Né le 10/04/1908

Paul
Né en 1910

Cécile
Née en 1909

André
Né le 2/11/1910

Geneviève

Bonne-maman Elise (née DHALLUIN),
décédée le 08 novembre 1918, enterrée le jour de l'Armistice
et Jean OLIVIER son époux

Sidonie - voisine de Félicie assise au centre de la photo

Monument aux morts - Cimetière de Bousbecque

« On a eu deux morts de plus à Bousbecque, les fils Capelle et Callemeyn. Ils étaient ensemble apparemment, quelque part dans l'Aisne. C'est arrivé en septembre. »

Lettre de Félicie à Désiré, le 7 octobre 1914

La longue marche de Florine et de ses enfants

En septembre 2018, Bousbecque est vidé en une journée ; les habitants sont forcés de suivre un itinéraire en Belgique : Bousbecque - Halluin - Lauwe - Zwebegem - Anzegem - Eine - Aalst -Herdersem - Alost.

Ils ne rentreront qu'à la fin de la guerre, après la déroute allemande.

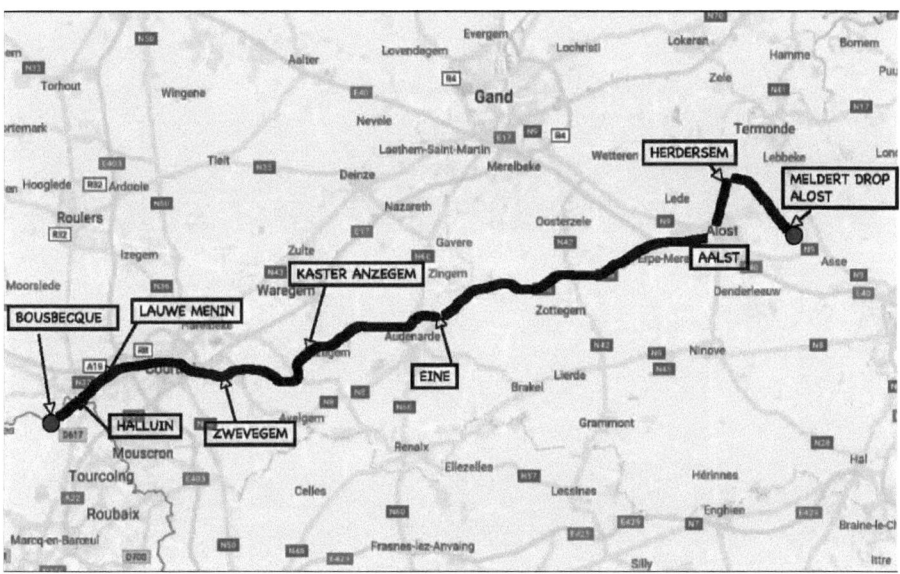

Le concert spectacle

CHORALE LYS EN CHŒUR ET HARMONIE MUNICIPALE

Entrée Libre*

CONCERT-SPECTACLE AUTOUR DU CENTENAIRE DE L'ARMISTICE

1914 - 1918 à BOUSBECQUE

Dimanche 18 novembre 2018
16 heures
Salle des fêtes de Bousbecque

Avec le concours
des élèves des écoles de Bousbecque
du Syndicat d'Initiative
et en présence
des Anciens Combattants (UNCB-AFN)

* Participation financière laissée à votre appréciation

Bousbecque

1ère partie : du Chaos à l'Apocalypse

1. L'insouciance avant l'orage
   Accordéon : Christophe LAMOURET
   Harmonie : Paris Montmartre arr. T. MASHIMA
2. La mobilisation
   Harmonie et chorale : Le chant du départ
   EN. MEHUL - MJ CHENIER
3. Les civils dans la guerre à Bousbecque
   Chorale : Pie Jesu G. DECEUNINCK
4. La guerre s'installe
   Chorale : Le soldat F. PAGNY - CALOGERO
5. La bataille
   Harmonie : La bataille de Gettysburg J. DAWSON
6. La blessure et la mort
   Harmonie et Chorale : 1492 Conquest of Paradise VANGELIS
7. La permission
   Harmonie et Chorale : Quand Madelon   C. ROBERT

Quand Madelon

Pour le repos, le plaisir du militaire, Il est là-bas à deux pas de la forêt Une maison aux murs tout couverts de lierre Aux vrais poilu c'est le nom du cabaret
La servante est jeune et gentille, Légère comme un papillon.
Comme son vin son œil pétille, Nous l'appelons la Madelon
Nous en rêvons la nuit, nous y pen-sons le jour,
Ce n'est que Madelon mais pour nous c'est l'amour
Nous avons tous au pays une payse Qui nous attend et que l'on épou-sera
Mais elle est loin, bien trop loin pour qu'on lui dise
Ce qu'on fera quand la classe ren-trera
En comptant les jours on soupire Et quand le temps nous semble long
Tout ce qu'on ne peut pas lui dire On va le dire à Madelon

On l'embrasse dans les coins. Elle dit : «Veux-tu finir...»
On s'figure que c'est l'autre, ça nous fait bien plaisir.

Refrain :

Quand Madelon vient nous servir à boire
Sous la tonnelle on frôle son jupon Et chacun lui raconte une histoire Une histoire à sa façon
La Madelon pour nous n'est pas sévère
Quand on lui prend la taille ou le menton
Elle rit, c'est tout le mal qu'elle sait faire
Madelon, Madelon, Madelon !

2ème partie : du Désespoir à la Délivrance

1. Le retour au front
   Chorale : Tous les cris, les SOS D. BALAVOINE

2. Les femmes dans la guerre
   Harmonie : Nimrod E. ELGAR

3. L'entrée des américains dans la guerre
   Harmonie : Washington Post J.P. SOUSA

4. L'offensive allemande
   Harmonie : Backdradt H. ZIMMER

5. L'effondrement du front
   Piano et enfants : Chant 14-18
   Harmonie, chorale, enfants : La Marseillaise R. DE L'ISLE arr. BERLIOZ

La Marseillaise

Allons enfants de la Patrie, le jour de gloire est arrivé !
Contre nous de la tyrannie, l'étendard sanglant est levé, (bis) Entendez-vous dans les campagnes mugir ces féroces soldats ?Ils viennent jusque dans vos bras égorger vos fils, vos compagnes !Aux armes, citoyens, formons nos bataillons !
Marchez, marchez, qu'un sang impur abreuve nos sillons.
Aux armes, citoyens, formez vos bataillons !
Marchons, marchons, qu'un sang impur abreuve nos sillons.
Amour sacré de la patrie, conduis, soutiens nos bras vengeurs ! Liberté, Liberté chérie ! Combats avec tes défenseurs (bis)
Sous nos drapeaux, que la victoire accoure à tes mâles accents, Que tes ennemis expirant voient ton triomphe et notre gloire ! Aux armes, citoyens, formez vos bataillons !
Marchons, marchons, qu'un sang impur abreuve nos sillons.